中华人民共和国行业标准

公路技术状况评定标准

Highway Performance Assessment Standards

JTG H20—2007

主编单位:交通部公路科学研究院
　　　　　上海市公路管理处
批准部门:中华人民共和国交通部
实施日期:2008 年 02 月 01 日

人民交通出版社股份有限公司

图书在版编目（CIP）数据

公路技术状况评定标准：JTG H20—2007／交通部公路科学研究院，上海市公路管理处主编．—北京：人民交通出版社股份有限公司，2016.10

ISBN 978-7-114-13399-2

Ⅰ.①公… Ⅱ.①交… ②上… Ⅲ.①道路工程—技术评估—行业标准—中国 Ⅳ.①U41-65

中国版本图书馆 CIP 数据核字（2016）第 247923 号

标准类型： 中华人民共和国行业标准
标准名称： 公路技术状况评定标准
标准编号： JTG H20—2007
主编单位： 交通部公路科学研究院　上海市公路管理处
责任编辑： 李　农
出版发行： 人民交通出版社股份有限公司
地　　址：（100011）北京市朝阳区安定门外外馆斜街 3 号
网　　址： http://www.ccpress.com.cn
销售电话：（010）59757973
总 经 销： 人民交通出版社股份有限公司发行部
经　　销： 各地新华书店
印　　刷： 北京市密东印刷有限公司
开　　本： 880×1230　1/16
印　　张： 3
字　　数： 60 千
版　　次： 2016 年 10 月　第 1 版
印　　次： 2018 年 4 月　第 3 次印刷
书　　号： ISBN 978-7-114-13399-2
定　　价： 25.00 元

中华人民共和国交通部

公　　告

2007 年第 39 号

关于公布《公路技术状况评定标准》（JTG H20—2007）的公告

现公布《公路技术状况评定标准》（JTG H20—2007），自 2008 年 2 月 1 日起施行，《公路养护质量检查评定标准》（JTJ 075—94）和《高速公路养护质量检评方法（试行）》（交公路发〔2002〕572 号）同时废止。

该标准的管理权和解释权归交通部，日常解释和管理工作由主编单位交通部公路科学研究院与上海市公路管理处负责。请各有关单位在实践中注意总结经验，若有修改意见请函告交通部公路科学研究院（地址：北京市海淀区西土城路 8 号，邮政编码：100088），以便修订时研用。

特此公告。

中华人民共和国交通部

二〇〇七年十一月二十八日

主题词：公路　标准　公告

交通部办公厅　　2007 年 11 月 30 日印发

前　言

1994 年，交通部修订颁布了《公路养护质量检查评定标准》（JTJ 075—94）。该标准的实施，对客观反映公路技术状况水平，指导公路养护生产，促进公路养护工作制度化、规范化，起到了重要作用。2002 年，交通部根据高速公路里程快速增长、养护生产任务日益繁重的实际情况，发布了《高速公路养护质量检评方法（试行）》。2005 年，根据上述标准、方法的执行情况和有关专家的建议，交通部决定统一高速公路和普通公路技术状况评定方法，并委托交通部公路科学研究院和上海市公路管理处为主编单位开展《公路技术状况评定标准》的编制工作。

三年来，编写单位充分吸收了国家重点科技攻关项目、国家重点新技术推广项目、国家高技术研究发展计划（863 计划）和西部交通建设科技项目等科研成果，并在总结经验、广泛征求意见、技术论证及大量试点应用的基础上，完成了编制任务。

《公路技术状况评定标准》（JTG H20—2007）对公路技术状况的评定标准、计算方法、检测和评定要求等作出了明确规定。由于各地条件差异较大且公路检测和评定技术发展较快，为了不断提高标准的适用性和可操作性，各地在执行过程中若有改进意见，请及时函告交通部公路科学研究院公路养护管理研究中心（北京市海淀区西土城路 8 号，邮编：100088，网址：www. roadmaint. com），以便修订时研用。

主 编 单 位： 交通部公路科学研究院
上海市公路管理处

参 编 单 位： 山东省交通厅公路局
同济大学
宁夏回族自治区公路管理局
浙江省公路管理局
四川省交通厅公路局
贵州省公路管理局
广西壮族自治区高速公路管理局
河北省公路管理局

主要起草人： 交通部公路科学研究院　潘玉利　赵怀志　程珊珊　李　强
上海市公路管理处　李志明　李哲梁　朱建东　刘钧伟
徐　犇　王国培　王一如
山东省交通厅公路局　王松根　刘　海

同济大学	陈　长	王国英	孙立军
宁夏回族自治区公路管理局	黄雅杭	魏　忠	
浙江省公路管理局	李飞泉	林育萍	
四川省交通厅公路局	郑家瑶	隆泽均	汪　涛
贵州省公路管理局	谢建平	高诗龙	
广西壮族自治区高速公路管理局	傅　琴	韦海涛	罗宏伟
山西省高速公路管理局	虞丽云		
河北省公路管理局	秦禄生	王国清	

目　次

1　总　　则

1.0.1　为加强公路养护管理工作,科学评定公路技术状况和服务水平,促进公路技术状况检测和评定工作的科学化、规范化和制度化,制定本标准。

1.0.2　本标准适用于等级公路,等外公路可参照执行。

1.0.3　公路技术状况评定工作,应遵循客观、科学和高效的原则,积极采用先进的检测和评价手段,保证检测与评定结果准确可靠。

1.0.4　各级交通主管部门和公路管理机构,应加强对公路技术状况评定工作的监督,建立和完善相关规章制度,提高公路养护管理工作技术水平。

1.0.5　各地应根据公路技术状况评定结果,科学编制公路养护规划和计划,积极实施预防性养护。

1.0.6　公路技术状况的检测和评定,除按本标准规定执行外,还应遵守国家和行业其他相关标准、规范的规定。

2 公路技术状况标准

2.0.1 公路技术状况用公路技术状况指数 MQI(Maintenance Quality Indicator)和相应分项指标表示,MQI 和相应分项指标的值域为 0~100。

2.0.2 公路技术状况分为优、良、中、次、差五个等级。公路技术状况等级按表 2.0.2 规定的标准确定。

表 2.0.2 公路技术状况评定标准

评价等级	优	良	中	次	差
MQI 及各级分项指标	≥90	≥80,<90	≥70,<80	≥60,<70	<60

3 公路损坏类型

公路技术状况包含路面、路基、桥隧构造物和沿线设施四部分评价内容，其中路面包括沥青路面、水泥混凝土路面和砂石路面。

3.1 沥青路面

沥青路面损坏分11类21项。

3.1.1 龟裂

轻：初期裂缝，裂区无变形、无散落，缝细，主要裂缝宽度在2mm以下，主要裂缝块度在0.2~0.5m之间，损坏按面积计算。

中：龟裂的发展期，龟裂状态明显，裂缝区有轻度散落或轻度变形，主要裂缝宽度在2~5mm之间，部分裂缝块度小于0.2m，损坏按面积计算。

重：龟裂特征显著，裂块较小，裂缝区变形明显、散落严重，主要裂缝宽度大于5mm，大部分裂缝块度小于0.2m，损坏按面积计算。

3.1.2 块状裂缝

轻：缝细、裂缝区无散落，裂缝宽度在3mm以内，大部分裂缝块度大于1.0m，损坏按面积计算。

重：缝宽、裂缝区有散落，裂缝宽度在3mm以上，主要裂缝块度在0.5~1.0m之间，损坏按面积计算。

3.1.3 纵向裂缝

与行车方向基本平行的裂缝。

轻：缝细、裂缝壁无散落或有轻微散落，无支缝或有少量支缝，裂缝宽度在3mm以内，损坏按长度计算，检测结果要用影响宽度(0.2m)换算成面积。

重：缝宽、裂缝壁有散落、有支缝，主要裂缝宽度大于3mm，损坏按长度(m)计算，检测结果要用影响宽度(0.2m)换算成面积。

3.1.4 横向裂缝

与行车方向基本垂直的裂缝。

轻：缝细、裂缝壁无散落或有轻微散落，裂缝宽度在3mm以内，损坏按长度计算，检测结果要用影响宽度(0.2m)换算成面积。

重:缝宽、裂缝贯通整个路面、裂缝壁有散落并伴有少量支缝,主要裂缝宽度大于3mm,损坏按长度计算,检测结果要用影响宽度(0.2m)换算成面积。

3.1.5 坑槽

轻:坑浅,有效坑槽面积在 $0.1m^2$ 以内(约 0.3m×0.3m),损坏按面积计算。

重:坑深,有效坑槽面积大于 $0.1m^2$(约 0.3m×0.3m),损坏按面积计算。

3.1.6 松散

轻:路面细集料散失、脱皮、麻面等表面损坏,损坏按面积计算。

重:路面粗集料散失、脱皮、麻面、露骨,表面剥落、有小坑洞,损坏按面积计算。

3.1.7 沉陷

大于 10mm 的路面局部下沉。

轻:深度在 10~25mm 之间,正常行车无明显感觉,损坏按面积计算。

重:深度大于 25mm,正常行车有明显感觉,损坏按面积计算。

3.1.8 车辙

轮迹处深度大于 10mm 的纵向带状凹槽(辙槽)。

轻:辙槽浅,深度在 10~15mm 之间,损坏按长度计算,检测结果要用影响宽度(0.4m)换算成面积。

重:辙槽深,深度 15mm 以上,损坏按长度计算,检测结果要用影响宽度(0.4m)换算成面积。

3.1.9 波浪拥包

轻:波峰波谷高差小,高差在 10~25mm 之间,损坏按面积计算。

重:波峰波谷高差大,高差大于 25mm,损坏按面积计算。

3.1.10 泛油

路面沥青被挤出或表面被沥青膜覆盖形成发亮的薄油层,损坏按面积计算。

3.1.11 修补

龟裂、坑槽、松散、沉陷、车辙等的修补面积或修补影响面积(裂缝修补按长度计算,影响宽度为 0.2m)。

3.2 水泥混凝土路面

水泥混凝土路面损坏分 11 类 20 项。

3.2.1 破碎板

轻:板块被裂缝分为3块以上,破碎板未发生松动和沉陷,损坏按板块面积计算。

重:板块被裂缝分为3块以上,破碎板有松动、沉陷和唧泥等现象,损坏按板块面积计算。

3.2.2 裂缝

板块上只有一条裂缝,裂缝类型包括横向、纵向和不规则的斜裂缝等。

轻:裂缝窄、裂缝处未剥落,缝宽小于3mm,一般为未贯通裂缝,损坏按长度计算,检测结果要用影响宽度(1.0m)换算成面积。

中:边缘有碎裂,裂缝宽度在3~10mm之间,损坏按长度计算,检测结果要用影响宽度(1.0m)换算成面积。

重:缝宽、边缘有碎裂并伴有错台出现,缝宽大于10mm,损坏按长度计算,检测结果要用影响宽度(1.0m)换算成面积。

3.2.3 板角断裂

裂缝与纵横接缝相交,且交点距板角小于或等于板边长度一半的损坏。

轻:裂缝宽度小于3mm,损坏按断裂板角的面积计算。

中:裂缝宽度在3~10mm之间,损坏按断裂板角的面积计算。

重:裂缝宽度大于10mm,断角有松动,损坏按断裂板角的面积计算。

3.2.4 错台

接缝两边出现的高差大于5mm的损坏。

轻:高差小于10mm,损坏按长度计算,检测结果要用影响宽度(1.0m)换算成面积。

重:高差10mm以上,损坏按长度计算,检测结果要用影响宽度(1.0m)换算成面积。

3.2.5 唧泥

板块在车辆驶过后,接缝处有基层泥浆涌出,损坏按长度计算,检测结果要用影响宽度(1.0m)换算成面积。

3.2.6 边角剥落

沿接缝方向的板边碎裂和脱落,裂缝面与板面成一定角度。

轻:浅层剥落,损坏按长度计算,检测结果要用影响宽度(1.0m)换算成面积。

中:中深层剥落,接缝附近水泥混凝土有开裂,损坏按长度计算,检测结果要用影响宽度(1.0m)换算成面积。

重:深层剥落,接缝附近水泥混凝土多处开裂,深度超过接缝槽底部,损坏按长度计算,检测结果要用影响宽度(1.0m)换算成面积。

3.2.7 接缝料损坏

由于接缝的填缝料老化、剥落等原因,接缝内已无填料,接缝被砂、石、土等填塞。

轻:填料老化,不密水,但尚未剥落脱空,未被砂、石、泥土等填塞,损坏按长度计算,检测结果要用影响宽度(1.0m)换算成面积。

重:三分之一以上接缝出现空缝或被砂、石、土填塞,损坏按长度计算,检测结果要用影响宽度(1.0m)换算成面积。

3.2.8 坑洞

板面出现有效直径大于30mm、深度大于10mm的局部坑洞,损坏按坑洞或坑洞群所涉及的面积计算。

3.2.9 拱起

横缝两侧的板体发生明显抬高,高度大于10mm,损坏按拱起所涉及的板块面积计算。

3.2.10 露骨

板块表面细集料散失、粗集料暴露或表层松疏剥落,损坏按面积计算。

3.2.11 修补

裂缝、板角断裂、边角剥落、坑洞和层状剥落的修补面积或修补影响面积(裂缝修补按长度计算,影响宽度为0.2m)。

3.3 砂石路面

砂石路面损坏分6类。

3.3.1 路拱不适

路拱过大或过小。过大将降低行车安全性,过小将使路面雨水不能及时排出。路拱不适程度根据经验确定,按长度计算,检测结果要用影响宽度(3.0m)换算成面积。

3.3.2 沉陷

路面表面的局部凹陷,按面积计算。

3.3.3 波浪搓板

峰谷高差大于30mm的搓板状纵向连续起伏,按面积计算。

3.3.4 车辙

轮迹处深度大于 30mm 的纵向带状凹槽(辙槽),按长度计算,检测结果要用影响宽度(0.4m)换算成面积。

3.3.5 坑槽

路面上深度大于 30mm、直径大于 0.1m 的坑洞,按面积(m^2)计算。

3.3.6 露骨

黏结料和细集料散失,主骨料外露,按面积计算。

3.4 路基

路基损坏分 8 类。

3.4.1 路肩边沟不洁

路肩(包括土路肩、硬路肩和紧急停车带)和边沟(包含边坡)有杂物、油渍、垃圾及堆积物。按行车方向的长度计算,每 1m 扣 0.5 分。

3.4.2 路肩损坏

路肩上出现的各种损坏。沥青路面的损坏类型见表 6.2.1-2;水泥混凝土路面的损坏类型见表 6.2.1-3;砂石路面的损坏类型见表 6.2.1-4 中的沉陷、坑槽和露骨。

轻:路肩轻度损坏包括表 6.2.1-2 和表6.2.1-3规定的所有轻、中度损坏,砂石路面损坏按轻度处理。所有损坏均按损坏的实际面积计算,每 $1m^2$ 扣 1 分,累计面积不足 $1m^2$ 按 $1m^2$ 计算。

重:路肩重度损坏包括表 6.2.1-2 和表 6.2.1-3 规定的所有重度损坏。所有重度损坏均按损坏的实际面积计算,每 $1m^2$ 扣 2 分,累计面积不足 $1m^2$ 按 $1m^2$ 计算。

3.4.3 边坡坍塌

挖方路段边坡坍塌。损坏按处和行车方向的长度(m)计算。长度小于或等于 5m 为轻度损坏,5 ~ 10m 之间为中度损坏,大于 10m 为重度损坏。

3.4.4 水毁冲沟

填方路段边坡由于雨水冲刷形成的冲沟。损坏按处和冲刷深度计算。深度小于或等于 0.2m 为轻度损坏,0.2 ~ 0.5m 之间为中度损坏,大于 0.5m 为重度损坏。

3.4.5 路基构造物损坏

包括挡墙等圬工体断裂、沉陷、倾斜、局部坍塌、松动和较大面积勾缝脱落。损坏按处和长度(m)计算。长度小于或等于 5m 为轻度损坏,5 ~ 10m 之间为中度损坏,大于 10m 为重度损坏。

3.4.6 路缘石缺损

路缘石丢失或损坏。按行车方向上的长度计算,每 1m 扣 4 分。

3.4.7 路基沉降

深度大于 30mm 的沉降。损坏按处和长度(m)计算。长度小于 5m 为轻度损坏,5 ~ 10m 之间为中度损坏,大于 10m 为重度损坏。

3.4.8 排水系统淤塞

轻:边沟、排水沟、截水沟等排水系统淤积。按长度计算,每 1m 扣 1 分,累计长度不足 1m 按 1m 计算。

重:边沟、排水沟和截水沟等排水系统全截面堵塞,损坏按处计算,每处扣 20 分。

3.5 桥隧构造物

桥隧构造物包括桥梁、隧道和涵洞三类。

3.5.1 桥梁技术等级

桥梁技术等级采用《公路桥涵养护规范》(JTG H11—2004)规定的等级评定方法。规定一、二类桥梁不扣分,三类桥梁每处扣 40 分,四类桥梁每处扣 70 分,五类桥梁每处扣 100 分、同时直接将 MQI 设为最低值。

3.5.2 隧道技术等级

隧道技术等级采用《公路隧道养护技术规范》(JTG H12—2003)规定的等级评定方法。规定 S 类隧道(无异常)不扣分,B 类隧道(有异常)每处扣 50 分,A 类隧道(有危险)每处扣 100 分、同时直接将 MQI 设为最低值。

3.5.3 涵洞技术等级

涵洞技术等级采用《公路桥涵养护规范》(JTG H11—2004)规定的等级评定方法。规定好、较好类涵洞不扣分,较差类涵洞每处扣 40 分,差类涵洞每处扣 70 分,危险类涵洞每处扣 100 分、同时直接将 MQI 设为最低值。

3.6 沿线设施

沿线设施损坏分 5 类。

3.6.1 防护设施缺损

防护设施(防撞护栏、防落网、声屏障、中央分隔带活动护栏和防眩板等)缺少、损坏或损坏修复后部件尺寸和安装质量达不到规范的技术要求。损坏按处和长度(m)计算。

轻:长度小于或等于4m,每缺损一处扣10分。

重:长度大于4m,每缺损一处扣30分。

3.6.2 隔离栅损坏

隔离栅损坏后修复不及时或修复质量达不到规范的技术要求,损坏按处计算,每缺损一处扣20分。

3.6.3 标志缺损

各种交通标志(指示标志、警告标志、禁令标志、里程牌、轮廓标、百米标等)残缺、位置不当或尺寸不规范、颜色不鲜明、污染,可变信息板故障等。损坏按处计算,其中,轮廓标和百米标每3个损坏算1处,累计损坏不足3个按1处计算,每处扣20分。

3.6.4 标线缺损

标线(含凸起路标)缺少或损坏,损坏按长度(m)计算。每缺损10m扣1分,累计长度不足10m按10m计算,评定时不考虑车道数量的影响。

3.6.5 绿化管护不善

树木、花草枯萎或缺树,虫害未及时防治,绿化带未及时修剪或有杂物,路段应绿化而未绿化。损坏按长度(m)计算,每10m扣1分,累计长度不足10m按10m计算。

4 公路技术状况评价指标

公路技术状况评价包含路面、路基、桥隧构造物和沿线设施四部分内容。评价指标见图4,各指标值域均为0~100。

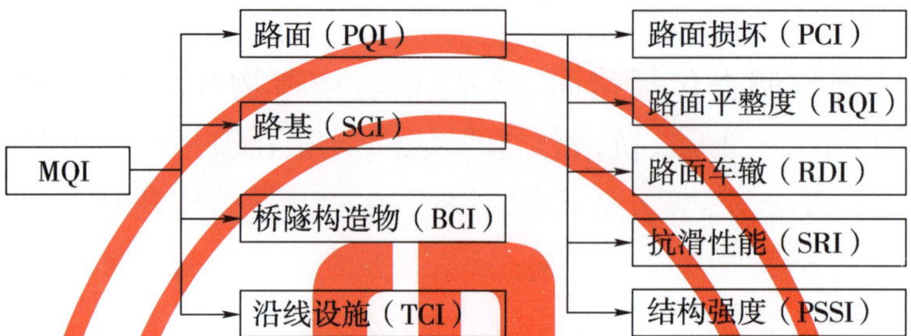

图4 公路技术状况评价指标

图中:

MQI——公路技术状况指数;

PQI——路面使用性能指数(Pavement Quality or Performance Index);

SCI——路基技术状况指数(Subgrade Condition Index);

BCI——桥隧构造物技术状况指数(Bridge, Tunnel and Culvert Condition Index);

TCI——沿线设施技术状况指数(Traffic-facility Condition Index);

PCI——路面损坏状况指数(Pavement Surface Condition Index);

RQI——路面行驶质量指数(Riding Quality Index);

RDI——路面车辙深度指数(Rutting Depth Index);

SRI——路面抗滑性能指数(Skidding Resistance Index);

PSSI——路面结构强度指数(Pavement Structure Strength Index)。

5 公路技术状况检测与调查

5.1 检测与调查内容

公路技术状况检测与调查包括路面、路基、桥隧构造物和沿线设施四部分内容。路面检测包括路面损坏、平整度、车辙、抗滑性能和结构强度五项指标。其中,路面结构强度为抽样检测指标。桥隧构造物调查包括桥梁、隧道和涵洞三类构造物。

5.2 检测与调查单元

5.2.1 公路技术状况检测以 1 000m 路段为基本检测或调查单元。

5.2.2 公路技术状况数据按上行方向(桩号递增方向)和下行方向(桩号递减方向)分别检测。二、三、四级公路可不分上下行。

5.2.3 采用快速检测方法检测路面使用性能评定所需数据时,每个检测方向至少检测一个主要行车道。

5.3 检测与调查方法

5.3.1 路面检测

1 路面损坏状况检测

路面损坏状况检测,宜采用自动化的快速检测方法,条件不具备时,可人工检测。

采用快速检测设备检测路面损坏时,应纵向连续检测,横向检测宽度不得小于车道宽度的 70%。检测设备应能够分辨 1mm 以上的路面裂缝,检测结果宜采用计算机自动识别,识别准确率应达到 90%以上。

采用人工方法调查时,调查范围应包含所有行车道,按表 6.2.1-2、表 6.2.1-3 和表 6.2.1-4规定的损坏类型实地调查。调查及汇总表的式样见附录 A(表 A-1 ~ 表 A-3、表 A-7、表 A-8)。有条件的地区,可借助便携式路况数据采集仪进行现场调查、汇总、计算与评定。紧急停车带按路肩处理。

路面损坏检测数据应以 100m(人工检测)或 10m(快速检测)为单位长期保存。

2 路面平整度检测

路面平整度宜采用快速检测设备,可结合路面损坏和车辙一并检测。单独检测路面平整度时,宜采用高精度的断面类检测设备。路面平整度检测设备必须定期标定,每年至少标定一次,标定的相关系数应大于0.95。

条件不具备的三、四级公路,路面平整度可采用三米直尺人工检测,检测结果按表5.3.1评定。

表 5.3.1 路面平整度人工评定标准

技术等级	优	良	中	次	差
RQI	≥90	≥80,<90	≥70,<80	≥60,<70	<60
三米直尺(mm)	≤10	>10,≤12	>12,≤15	>15,≤18	>18
颠簸程度	无颠簸,行车平稳	有轻微颠簸,行车尚平稳	有明显颠簸,行车不平稳	严重颠簸,行车很不平稳	非常颠簸,非常不平稳

路面平整度检测数据应以100m(人工检测)或20m(快速检测)为单位长期保存。

3 路面车辙检测

路面车辙宜采用快速检测设备,可结合路面损坏和路面平整度一并检测。路面车辙检测设备必须定期标定,每年至少标定一次。根据断面数据计算路面车辙深度(RD),计算结果应以10m为单位长期保存。

4 路面抗滑性能检测

路面抗滑性能宜采用基于横向力系数的路面抗滑性能检测设备或其他具有可靠数据标定关系的自动化检测设备。检测设备必须定期标定,每年至少标定一次。路面抗滑性能检测数据(横向力系数)应以20m为单位长期保存。

5 路面结构强度检测

路面结构强度宜采用自动检测设备检测。

自动检测时,宜采用具有可靠数据标定关系的自动化检测设备,检测结果应能换算成我国相关技术规范规定的回弹弯沉值。自动检测设备必须定期标定,每年至少标定一次。标定的相关系数不得小于0.95。弯沉检测数据应以20m为单位长期保存。

采用贝克曼梁检测时,检测数量应不小于20点/(km·车道)。

抽样检测时,检测范围可控制在养护里程的20%以内。

5.3.2 路基、桥隧构造物和沿线设施调查

公路技术状况评定所需要的路基、桥隧构造物和沿线设施数据,应按表6.2.2、表6.2.3和表6.2.4规定的损坏类型实地调查。调查及汇总表的式样见附录A(表A-4~表A-8)。有条件的地区,可借助便携式路况数据采集仪进行现场调查、汇总、计算与评定。

5.4 检测与调查频率

公路技术状况评定所需数据的最低检测与调查频率按表5.4的规定执行。

表 5.4 最低检测与调查频率

检测内容 \ 检测频率			路面损坏（PCI）	路面平整度（RQI）	抗滑性能（SRI）	路面车辙（RDI）	结构强度（PSSI）
路面 PQI	沥青	高速、一级公路	1 年 1 次	1 年 1 次	2 年 1 次	1 年 1 次	抽样检测
		二、三、四级公路	1 年 1 次	1 年 1 次			
	水泥混凝土	高速、一级公路	1 年 1 次	1 年 1 次	2 年 1 次		
		二、三、四级公路	1 年 1 次	1 年 1 次			
	砂石		1 年 1 次				
路基 SCI			1 年 1 次				
桥隧构造物 BCI			采用最新桥梁、隧道、涵洞技术状况评定结果				
沿线设施 TCI			1 年 1 次				

6 公路技术状况评定

6.1 评定要求

公路技术状况评定以1 000m路段长度为基本评定单元。

6.2 MQI确定

公路技术状况指数MQI按式(6.2)计算。

$$MQI = w_{PQI}PQI + w_{SCI}SCI + w_{BCI}BCI + w_{TCI}TCI \tag{6.2}$$

式中：w_{PQI}——PQI在MQI中的权重,取值为0.70;

w_{SCI}——SCI在MQI中的权重,取值为0.08;

w_{BCI}——BCI在MQI中的权重,取值为0.12;

w_{TCI}——TCI在MQI中的权重,取值为0.10。

6.2.1 路面使用性能(PQI)

沥青路面使用性能评价包含路面损坏、平整度、车辙、抗滑性能和结构强度五项技术内容。其中,路面结构强度为抽样评定指标,单独计算与评定,评定范围根据路面大中修养护需求、路基的地质条件等自行确定。

水泥混凝土路面使用性能评价包含路面损坏、平整度和抗滑性能三项技术内容;砂石路面使用性能评价只包含路面损坏一项技术内容。

路面使用性能指数(PQI)按式(6.2.1-1)计算。

$$PQI = w_{PCI}PCI + w_{RQI}RQI + w_{RDI}RDI + w_{SRI}SRI \tag{6.2.1-1}$$

式中：w_{PCI}——PCI在PQI中的权重,按表6.2.1-1取值;

w_{RQI}——RQI在PQI中的权重,按表6.2.1-1取值;

w_{RDI}——RDI在PQI中的权重,按表6.2.1-1取值;

w_{SRI}——SRI在PQI中的权重,按表6.2.1-1取值。

1 路面损坏(PCI)

路面损坏用路面损坏状况指数(PCI)评价,PCI按式(6.2.1-2)、式(6.2.1-3)计算。

$$PCI = 100 - a_0 DR^{a_1} \tag{6.2.1-2}$$

表 6.2.1-1 PQI 分项指标权重

路面类型	权重	高速、一级公路	二、三、四级公路
沥青路面	w_{PCI}	0.35	0.60
	w_{RQI}	0.40	0.40
	w_{RDI}	0.15	—
	w_{SRI}	0.10	—
水泥混凝土路面	w_{PCI}	0.50	0.60
	w_{RQI}	0.40	0.40
	w_{SRI}	0.10	—

$$\mathrm{DR} = 100 \times \frac{\sum_{i=1}^{i_0} w_i A_i}{A} \tag{6.2.1-3}$$

式中：DR——路面破损率(Pavement Distress Ratio)，为各种损坏的折合损坏面积之和与路面调查面积之百分比(%)；

A_i——第 i 类路面损坏的面积(m^2)；

A——调查的路面面积(调查长度与有效路面宽度之积，m^2)；

w_i——第 i 类路面损坏的权重，沥青路面按表 6.2.1-2 取值，水泥混凝土路面按表 6.2.1-3 取值，砂石路面按表 6.2.1-4 取值；

a_0——沥青路面采用 15.00，水泥混凝土路面采用 10.66，砂石路面采用 10.10；

a_1——沥青路面采用 0.412，水泥混凝土路面采用 0.461，砂石路面采用 0.487；

i——考虑损坏程度(轻、中、重)的第 i 项路面损坏类型；

i_0——包含损坏程度(轻、中、重)的损坏类型总数，沥青路面取 21，水泥混凝土路面取 20，砂石路面取 6。

表 6.2.1-2 沥青路面损坏类型和权重

类型(i)	损坏名称	损坏程度	权重(w_i)	计量单位
1	龟裂	轻	0.6	面积 m^2
2		中	0.8	
3		重	1.0	
4	块状裂缝	轻	0.6	面积 m^2
5		重	0.8	
6	纵向裂缝	轻	0.6	长度 m (影响宽度:0.2m)
7		重	1.0	
8	横向裂缝	轻	0.6	长度 m (影响宽度:0.2m)
9		重	1.0	
10	坑槽	轻	0.8	面积 m^2
11		重	1.0	

续上表

类型(i)	损坏名称	损坏程度	权重(w_i)	计量单位
12	松散	轻	0.6	面积 m^2
13		重	1.0	
14	沉陷	轻	0.6	面积 m^2
15		重	1.0	
16	车辙	轻	0.6	长度 m (影响宽度:0.4m)
17		重	1.0	
18	波浪拥包	轻	0.6	面积 m^2
19		重	1.0	
20	泛油		0.2	面积 m^2
21	修补		0.1	面积 m^2

表 6.2.1-3 水泥混凝土路面损坏类型和权重

类型(i)	损坏名称	损坏程度	权重(w_i)	计量单位
1	破碎板	轻	0.8	面积 m^2
2		重	1.0	
3	裂缝	轻	0.6	长度 m (影响宽度:1.0m)
4		中	0.8	
5		重	1.0	
6	板角断裂	轻	0.6	面积 m^2
7		中	0.8	
8		重	1.0	
9	错台	轻	0.6	长度 m (影响宽度:1.0m)
10		重	1.0	
11	唧泥		1.0	长度 m (影响宽度:1.0m)
12	边角剥落	轻	0.6	长度 m (影响宽度:1.0m)
13		中	0.8	
14		重	1.0	
15	接缝料损坏	轻	0.4	长度 m (影响宽度:1.0m)
16		重	0.6	
17	坑洞		1.0	面积 m^2
18	拱起		1.0	面积 m^2
19	露骨		0.3	面积 m^2
20	修补		0.1	面积 m^2

表 6.2.1-4 砂石路面损坏类型和权重

类型(i)	损坏名称	权重(w_i)	计量单位
1	路拱不适	0.1	长度 m (影响宽度:3.0m)
2	沉陷	0.8	面积 m^2
3	波浪搓板	1.0	面积 m^2
4	车辙	1.0	长度 m (影响宽度:0.4m)
5	坑槽	1.0	面积 m^2
6	露骨	0.8	面积 m^2

2 路面行驶质量(RQI)

路面平整度用路面行驶质量指数(RQI)评价,按式(6.2.1-4)计算。

$$RQI = \frac{100}{1 + a_0 e^{a_1 IRI}} \tag{6.2.1-4}$$

式中:IRI——国际平整度指数(International Roughness Index,m/km);

a_0——高速公路和一级公路采用 0.026,其他等级公路采用 0.0185;

a_1——高速公路和一级公路采用 0.65,其他等级公路采用 0.58。

3 路面车辙(RDI)

路面车辙用路面车辙深度指数(RDI)评价,按式(6.2.1-5)计算。

$$RDI = \begin{cases} 100 - a_0 RD & (RD \leqslant RD_a) \\ 60 - a_1(RD - RD_a) & (RD_a < RD \leqslant RD_b) \\ 0 & (RD > RD_b) \end{cases} \tag{6.2.1-5}$$

式中:RD——车辙深度(Rutting Depth,mm);

RD_a——车辙深度参数,采用 20mm;

RD_b——车辙深度限值,采用 35mm;

a_0——模型参数,采用 2.0;

a_1——模型参数,采用 4.0。

4 路面抗滑性能(SRI)

路面抗滑性能用路面抗滑性能指数(SRI)评价,按式(6.2.1-6)计算。

$$SRI = \frac{100 - SRI_{min}}{1 + a_0 e^{a_1 SFC}} + SRI_{min} \tag{6.2.1-6}$$

式中:SFC——横向力系数(Side-way Force Coefficient);

SRI_{min}——标定参数,采用 35.0;

a_0——模型参数,采用 28.6;

a_1——模型参数,采用 -0.105。

5 路面结构强度(PSSI)

路面结构强度用路面结构强度指数(PSSI)评价,按式(6.2.1-7)和式(6.2.1-8)计算。

$$\mathrm{PSSI} = \frac{100}{1 + a_0 e^{a_1 \mathrm{SSI}}} \tag{6.2.1-7}$$

$$\mathrm{SSI} = \frac{l_d}{l_0} \tag{6.2.1-8}$$

式中:SSI——路面结构强度系数(Structure Strength Coefficient),为路面设计弯沉与实测代表弯沉之比;

l_d——路面设计弯沉(mm);

l_0——实测代表弯沉(mm);

a_0——模型参数,采用 15.71;

a_1——模型参数,采用 -5.19。

6.2.2 路基技术状况(SCI)

路基技术状况用路基技术状况指数(SCI)评价,按式(6.2.2)计算。

$$\mathrm{SCI} = \sum_{i=1}^{8} w_i (100 - \mathrm{GD}_{i\mathrm{SCI}}) \tag{6.2.2}$$

式中:$\mathrm{GD}_{i\mathrm{SCI}}$——第 i 类路基损坏的总扣分(Global Deduction),最高分值为 100,按表 6.2.2 的规定计算;

w_i——第 i 类路基损坏的权重,按表 6.2.2 取值;

i——路基损坏类型。

表 6.2.2 路基损坏扣分标准

类型(i)	损坏名称	损坏程度	计量单位	单位扣分	权重(w_i)
1	路肩边沟不洁		m	0.5	0.05
2	路肩损坏	轻	m^2	1	0.10
		重		2	
3	边坡坍塌	轻	处	20	0.25
		中		30	
		重		50	
4	水毁冲沟	轻	处	20	0.25
		中		30	
		重		50	
5	路基构造物损坏	轻	处	20	0.10
		中		30	
		重		50	
6	路缘石缺损		m	4	0.05
7	路基沉降	轻	处	20	0.10
		中		30	
		重		50	
8	排水系统淤塞	轻	m	1	0.10
		重	处	20	

6.2.3 桥隧构造物技术状况(BCI)

桥梁、隧道和涵洞技术状况用桥隧构造物技术状况指数(BCI)评价,按式(6.2.3)计算。

$$BCI = \min(100 - GD_{iBCI}) \tag{6.2.3}$$

式中:GD_{iBCI}——第 i 类构造物损坏的总扣分,最高分值为 100,按表 6.2.3 的规定计算;

i——构造物类型(桥梁、隧道或涵洞)。

表 6.2.3 桥隧构造物扣分标准

类型(i)	项目	技术状况评定等级	计量单位	单位扣分	备注
1	桥梁	一、二	座	0	采用《公路桥涵养护规范》(JTG H11—2004)的评定方法,五类桥梁所属路段的 MQI = 0
		三		40	
		四		70	
		五		100	
2	隧道	S:无异常	座	0	采用《公路隧道养护技术规范》(JTG H12—2003)的评定方法,危险隧道所属路段的 MQI = 0
		B:有异常		50	
		A:有危险		100	
3	涵洞	好、较好	道	0	采用《公路桥涵养护规范》(JTG H11—2004)的评定方法,危险涵洞所属路段的 MQI = 0
		较差		40	
		差		70	
		危险		100	

6.2.4 沿线设施技术状况(TCI)

沿线设施技术状况用沿线设施技术状况指数(TCI)评价,按式(6.2.4)计算。

$$TCI = \sum_{i=1}^{5} w_i (100 - GD_{iTCI}) \tag{6.2.4}$$

式中:GD_{iTCI}——第 i 类设施损坏的总扣分,最高分值为 100,按表 6.2.4 的规定计算;

w_i——第 i 类设施损坏的权重,按表 6.2.4 取值;

i——设施的损坏类型。

表 6.2.4 沿线设施扣分标准

类型(i)	损坏名称	损坏程度	计量单位	单位扣分	权重(w_i)	备注
1	防护设施缺损	轻	处	10	0.25	
		重		30		
2	隔离栅损坏		处	20	0.10	
3	标志缺损		处	20	0.25	
4	标线缺损		m	0.1	0.20	每 10m 扣 1 分,不足 10m 以 10m 计
5	绿化管护不善		m	0.1	0.20	

6.3 综合评定

6.3.1 路段 MQI

路段 MQI 按式(6.2)计算。对非整公里的路段,除 PQI 外,SCI、BCI 和 TCI 三项指标的实际扣分均应换算成整公里值(扣分 × 基本评定单元长度/实际路段长度)。桥隧构造物评价结果(BCI)计入桥隧构造物所属路段。

存在五类桥梁、危险隧道、危险涵洞的路段,MQI = 0。

6.3.2 路线 MQI

路线技术状况评定时,应采用路线所包含的所有路段 MQI 算术平均值作为该路线的 MQI 值。

6.3.3 等级评定

按表 2.0.2 的规定确定公路技术状况等级。按附录 A 表 A-8 格式统计 MQI 及分项指标的优良、中、次差的长度及比例。

附录 A　调查及汇总表

表 A-1　沥青路面损坏调查表

路线名称：	调查方向：			调查时间：　　　　调查人员：										
调查内容	程度	权重 w_i	单位	起点桩号：　　终点桩号： 路段长度：　　路面宽度：										累计损坏
				1	2	3	4	5	6	7	8	9	10	
龟裂	轻	0.6	m^2											
	中	0.8												
	重	1.0												
块状裂缝	轻	0.6	m^2											
	重	0.8												
纵向裂缝	轻	0.6	m											
	重	1.0												
横向裂缝	轻	0.6	m											
	重	1.0												
坑槽	轻	0.8	m^2											
	重	1.0												
松散	轻	0.6	m^2											
	重	1.0												
沉陷	轻	0.6	m^2											
	重	1.0												
车辙	轻	0.6	m											
	重	1.0												
波浪拥包	轻	0.6	m^2											
	重	1.0												
泛油		0.2	m^2											
修补		0.1	m^2											

评定结果：	计算方法：
DR =　　　%	$PCI = 100 - a_0 DR^{a_1}$
PCI =	$DR = 100 \times \frac{\sum_{i=1}^{i_0} w_i A_i}{A}$
	$a_0 = 15.00$
	$a_1 = 0.412$

表 A-2　水泥混凝土路面损坏调查表

路线名称：				调查方向：				调查时间：			调查人员：			
调查内容	程度	权重	单位	起点桩号：　终点桩号： 路段长度：　路面宽度：										累计损坏
				1	2	3	4	5	6	7	8	9	10	
破碎板	轻	0.8	m^2											
	重	1.0												
裂缝	轻	0.6	m											
	中	0.8												
	重	1.0												
板角断裂	轻	0.6	m^2											
	中	0.8												
	重	1.0												
错台	轻	0.6	m											
	重	1.0												
唧泥		1.0	m											
边角剥落	轻	0.6	m											
	中	0.8												
	重	1.0												
接缝料损坏	轻	0.4	m											
	重	0.6												
坑洞		1.0	m^2											
拱起		1.0	m^2											
露骨		0.3	m^2											
修补		0.1	m^2											

评定结果：

DR =　　　%

PCI =

计算方法：

$$PCI = 100 - a_0 DR^{a_1}$$

$$DR = 100 \times \frac{\sum_{i=1}^{i_0} w_i A_i}{A}$$

$a_0 = 10.66$

$a_1 = 0.461$

表 A-3　砂石路面损坏调查表

路线名称：	调查时间：		调查人员：										
调查内容	权重 w_i	单位	起点桩号：　终点桩号： 路段长度：　路面宽度：										累计损坏
			1	2	3	4	5	6	7	8	9	10	
路拱不适	0.1	m											
沉陷	0.8	m^2											
波浪搓板	1.0	m^2											
车辙	1.0	m											
坑槽	1.0	m^2											
露骨	0.8	m^2											

评定结果：

DR =　　%

PCI =

计算方法：

$$PCI = 100 - a_0 DR^{a_1}$$

$$DR = 100 \times \frac{\sum_{i=1}^{i_0} w_i A_i}{A}$$

$a_0 = 10.10$

$a_1 = 0.487$

表 A-4　路基损坏调查表

路线名称：	调查方向：				调查时间：					调查人员：					
调查内容	程度	单位扣分	权重 w_i	计量单位	起点桩号：　终点桩号： 路段长度：　路面宽度：										累计损坏
					1	2	3	4	5	6	7	8	9	10	
路肩边沟不洁		0.5	0.05	m											
路肩损坏	轻	1	0.10	m^2											
	重	2													
边坡坍塌	轻	20	0.25	处											
	中	30													
	重	50													
水毁冲沟	轻	20	0.25	处											
	中	30													
	重	50													
路基构造物损坏	轻	20	0.10	处											
	中	30													
	重	50													
路缘石缺损		4	0.05	m											
路基沉降	轻	20	0.10	处											
	中	30													
	重	50													
排水系统淤塞	轻	1	0.10	m											
	重	20		处											

评定结果：

SCI =

计算方法：

$$SCI = \sum_{i=1}^{8} w_i (100 - GD_{iSCI})$$

表 A-5　桥隧构造物损坏调查表

路线名称:	调查方向:			调查时间:　　　调查人员:										
项目	技术状况	单位扣分	计量单位	起点桩号:　　终点桩号: 路段长度:　　路面宽度:										累计损坏
				1	2	3	4	5	6	7	8	9	10	
桥梁	一、二	0	座											
	三	40												
	四	70												
	五	100												
隧道	S:无异常	0	座											
	B:有异常	50												
	A:有危险	100												
涵洞	好、较好	0	道											
	较差	40												
	差	70												
	危险	100												
评定结果: BCI =				计算方法: $BCI = \min(100 - GD_{iBCI})$										

表 A-6　沿线设施损坏调查表

路线名称:	调查方向:				调查时间:　　　调查人员:										
调查内容	程度	单位扣分	权重 w_i	计量单位	起点桩号:　　终点桩号: 路段长度:　　路面宽度:										累计损坏
					1	2	3	4	5	6	7	8	9	10	
防护设施缺损	轻	10	0.25	处											
	重	30													
隔离栅损坏		20	0.10	处											
标志缺损		20	0.25	处											
标线缺损		0.1	0.20	m											
绿化管护不善		0.1	0.20	m											
评定结果: TCI =					计算方法: $TCI = \sum_{i=1}^{5} w_i(100 - GD_{iTCI})$										

表 A-7　公路技术状况评定明细表

路线名称：　　　　　　　　技术等级：　　　路面类型：　　　检测方向：　　　　　年　月　日

路段桩号	长度（m）	MQI	路面 PQI	路面分项指标					路基 SCI	桥隧构造物 BCI	沿线设施 TCI
				PCI	RQI	RDI	SRI	PSSI			

附注：表中 PSSI 为抽样评定指标。　　　　　　　　　　第　页　总　页

表 A-8　公路技术状况评定汇总表

年　月　日

基本信息						
所属省市						
路线名称(编码)						
技术等级						
路面类型						
评定长度(km)						
养管单位						
主管单位						
平均 MQI		评定等级				
平均 MQI(上行)		评定等级(上行)				
平均 MQI(下行)		评定等级(下行)				
上行评定长度(km)		下行评定长度(km)				
统计信息						
	上下行		上行		下行	
	长度(km)	比例(%)	长度(km)	比例(%)	长度(km)	比例(%)
MQI(优、良)						
MQI(中)						
MQI(次、差)						
PQI(优、良)						
PQI(中)						
PQI(次、差)						
SCI(优、良)						
SCI(中)						
SCI(次、差)						
BCI(优、良)						
BCI(中)						
BCI(次、差)						
TCI(优、良)						
TCI(中)						
TCI(次、差)						

第　页　总　页

本标准用词说明

执行本标准时，对条文严格程度的用词，采用下列写法：

1　表示很严格，非这样做不可的，采用“必须”。

2　表示严格，通常情况下均应该这样做的，正面词采用“应”，反面词采用“不应”或“不得”。

3　表示允许稍有选择，条件许可时应首先这样做的，采用“宜”。

4　表示有选择，在一定的条件下可这样做的，采用“可”。

附件

《公路技术状况评定标准》

（JTG H20—2007）

条 文 说 明

1 总 则

1.0.4 为了做好公路技术状况的评定工作,省级交通主管部门和公路管理机构应加强对公路养护技术状况检测与评定工作的监督,结合地域特点制定具体的实施办法,出台相关的规定和政策。

1.0.5 公路技术状况评定所需检测数据,除了用于本标准外,还应充分利用其数据资源和评定结果,通过路面管理系统(CPMS)科学编制公路养护规划和计划,实施预防性养护和全寿命周期费用管理,提高公路养护管理的技术能力和水平。CPMS 是交通部从 1984 年开始组织研究、开发,并于 1991 年开始推广应用的干线公路路面管理系统,主要用于公路技术状况评定、路面养护需求分析、养护投资效益分析、公路养护规划编制、年度养护计划制订。

2 公路技术状况标准

2.0.1 公路技术状况指数 MQI 包含两层含义:对公路技术状况的客观描述和对公路养护质量和管理水平的科学评价。

2.0.2 评定标准采用了优、良、中、次、差五个评定等级。在确定评定等级过程中,参考了交通部《公路水泥混凝土路面养护技术规范》(JTJ 073.1—2001)、《公路沥青路面养护技术规范》(JTJ 073.2—2001)等文献及国际上大多数国家的通用做法。优、良、中、次、差的标准值源于大规模公路检测数据的统计分析、道路实验、专家经验和国内外研究机构对优、良、中、次、差的定义。

3 公路损坏类型

3.2 水泥混凝土路面采用了新的损坏计量方法，所有损坏均用面积或换算面积表示(m^2)。

3.2.11 水泥混凝土路面(包含沥青路面)修补，按修补面积或修补影响面积计算，该指标用于反映路面的历史修复状况。

4 公路技术状况评价指标

MQI 的分项指标包括 PQI、SCI、BCI 和 TCI,路面部分的分项指标还包括 PCI、RQI、RDI、SRI 和 PSSI,共 4 大项 5 小项,各项指标的值域均为 0~100。

5 公路技术状况检测与调查

5.2.3 主要行车道:通常指单车道全幅路面、双车道双向混合行驶的全幅路面、双车道双向分道行驶的上行或下行车道、四车道双向分道行驶的外侧车道、六车道双向分道行驶的中间车道、八车道以上双向分道行驶的中间两个或多个车道。

5.3.1 快速检测设备:目前,国内外常用的路面快速检测设备包括多功能路况快速检测设备和路面抗滑性能检测设备。本标准所要求的路面损坏、路面平整度、路面车辙和路面抗滑性能指标均能通过上述两种设备实现自动检测。为了提高我国公路检测技术水平及装备条件,交通部从20世纪80年代起,组织了多项国家重点科技攻关研究项目,形成了路面抗滑性能检测车(RiCS)和路况快速检测系统(CiCS)等多项重大科研成果,基本解决了路面技术状况快速检测的重大技术难题,提高了我国公路技术状况快速检测的装备水平。其中,①路面抗滑性能检测车(RiCS)能以车流速度(0~80km/h)快速采集路面的横向力系数(SFC)数据,是路面安全性评价的重要设备;②路况快速检测系统(CiCS)是交通部西部交通建设科技项目和国家高技术研究发展计划(863计划)研究成果,该设备能以车流速度(0~100km/h),快速、准确地采集路面损坏、路面平整度、路面车辙、纹理深度和前方图像等指标,与之配套的路面损坏识别系统(CiAS)软件能自动识别CiCS检测图像,识别准确率满足《公路技术状况评定标准》(JTG H20—2007)要求。

1 自动识别:是一种与图像检测、图像处理、模式识别和软件有关的路面损坏识别技术。根据国内外经验,计算机自动识别时,只有在识别软件的识别准确率达到一定程度如90%以上时,其识别结果才能被直接用于技术状况评定及路面养护分析。

2 确定路面平整度人工评定标准的主要依据是世界银行国际平整度指数道路实验报告及我国县乡道或砂石路快速检测的需求、现状和技术能力。

3 为了减少对公路正常交通运营的干扰,节省检测费用和资源,在检测路面车辙时,应考虑与可快速检测的路面损坏、路面平整度等指标结合起来,用多功能快速检测设备统一检测。

4 计算机存储技术的快速发展允许保存更详细、更多的原始数据。详细的原始数据可用于本标准以外的路面养护决策分析和养护设计。因此,所有基于快速检测设备的原始检测数据包括横向力系数、车辙、路面平整度、路面损坏(裂缝图像)都应尽可能以高密度(10~20m)长期保存。

5 路面弯沉和路面平整度检测设备需要经常性标定,只有当标定的相关系数达到0.95以上时,检测设备才有可信的数据关系。按照世界银行有关检测设备应用指南的规定,路面平整度应采用基于精密水准仪的国际平整度指数(IRI)标定方法。根据我国沥青路面的相关设计规范,沥青路面结构强度分析的主要依据是回弹弯沉,因此路面弯沉检测设备的基本标定工具应是能够采集路面回弹弯沉数据的贝克曼梁。

5.3.2 路况数据采集仪:用于快速记录路基、路面、桥隧构造物和沿线设施损坏(类型、数量、位置)的便携式设备。具有快速记录、汇总、计算和MQI及分项指标评定的功能,检测数据可采用有线或无线方式直接传输给路面管理系统(CPMS)。

5.4 检测与调查频率是根据国内外的研究文献、国外的评定标准、我国公路管理需求和快速检测设备的技术性能及检测成本确定的。本标准规定的检测频率为最低检测与调查频率,有条件的省市或地区可根据实际情况,适当增加部分指标的检测与调查频率或按季度检测,确保公路技术状况的变化能被及时掌握。

6 公路技术状况评定

6.1 MQI的基本评定单元是长度为1 000m的路段。在路面类型、交通量、路面宽度和养管单位变化处,评定单元不受此限制,但评定路段长度不应超过2 000m。MQI评定路段长度的确定应与路面管理系统(CPMS)的管理路段划分结合起来。

6.2 将路面使用性能(PQI)、路基状况(SCI)、桥隧构造物状况(BCI)和沿线设施状况(TCI)的权重分别设为0.70、0.08、0.12和0.10的决策依据是大量的检测数据分析结果和专家咨询意见。

6.2.1 1 沥青路面、水泥混凝土路面和砂石路面评价模型(PCI)采用了相同的模型结构和变量(DR)。由于不同路面具有不同的损坏类型和权重,针对不同路面本标准给出了不同的模型参数。PCI与DR关系见表6-1。

表6-1 PCI-DR对应关系

PCI	90	80	70	60
$DR_{沥青路面}$	0.4	2.0	5.5	11.0
$DR_{水泥路面}$	0.8	4.0	9.5	18.0
$DR_{砂石路面}$	1.0	4.0	9.5	17.0

2 道路用户对不同等级的公路(行驶速度)有不同的行驶质量要求或行驶舒适性期望。本标准根据道路实验和大量的统计数据,分别为高速公路(包括一级公路)和一般公路确定了不同的RQI参数。行驶质量或行驶舒适性与路面平整度紧密相关,在《高速公路养护质量检评方法(试行)》中,IRI 4.0m/km和IRI 6.0m/km分别被定义为优(RQI 90)和良(RQI 80)。根据我国公路养护技术的发展状况和公路养护的技术能力,本标准将优(RQI 90)和良(RQI 80)对应的路面平整度分别提高到IRI 2.3m/km和3.5m/km(高速、一级公路)及IRI 3.0m/km和4.5m/km(其他等级公路)。调整后的评价模型参数在一定程度上反映了我国路面铺筑技术的进步和道路用户对路面平整度的期望水平。RQI与IRI对应关系见表6-2。

表6-2 RQI-IRI对应关系

RQI	90	80	70	60
$IRI_{高速、一级公路}$	2.3	3.5	4.3	5.0
$IRI_{其他等级公路}$	3.0	4.5	5.4	6.2

3 随着重载交通的快速增长和渠化作用的加剧,车辙已经逐渐成为我国高速公路路

面损坏的主要形式之一。根据对我国部分省市高速公路路面损坏类型的现状调查,裂缝占路面损坏的比例经常超过60%,其次就是路面车辙损坏,车辙损坏有时会高达30%。因此在制定本标准时,对高速公路和一级公路,将路面车辙列为独立的检测评价指标,并用路面车辙深度指数(RDI)表示。与此同时,高速公路和一级公路技术状况评定时,表6.2.1-2的路面车辙损坏不再重复计算。车辙深度指数(RDI)与车辙深度(RD)的对应关系见表6-3。

表6-3 RDI-RD 对应关系

RDI	90	80	70	60	0
RD(mm)	5	10	15	20	35

4 路面抗滑性能指数(SRI)与横向力系数(SFC)的对应关系见表6-4。

表6-4 SRI-SFC 对应关系

SRI	90	80	70	60
SFC	48	40	33.5	27.5

5 本标准对路面结构强度采用了抽样检测与评定的方法,主要是考虑全面、系统、大规模路面结构强度检测的时限要求,不同省市的装备条件及技术能力(检测速度)。公路管理机构或经营企业应根据路面大中修养护需求、路基的地质条件(如,软土、高填方路段)等因素,确定路面结构强度检测范围,选择检测位置。

6.2.2 在路基损坏中,不同的路基损坏类型会对路基损坏和公路运营产生不同的影响效果。为了反映不同类型损坏的影响程度,本标准在路基(包括沿线设施)中引进了权重参数。SCI(包括BCI和TCI)损坏扣分值的确定依据是抽样调查和专家经验。

6.2.3 桥隧构造物技术状况评定内容包括桥梁、隧道和涵洞。桥隧构造物技术状况评定所需数据是依据《公路桥涵养护规范》(JTG H11—2004)和《公路隧道养护技术规范》(JTG H12—2003)评定的技术等级。BCI评定前提是桥梁、隧道和涵洞技术等级评定数据有效、准确。如果桥梁、隧道和涵洞技术等级评定结果与现状有明显差别,或定期检测数据(1~3年)不能反映当前的技术现状,需要按《公路桥涵养护规范》(JTG H11—2004)和《公路隧道养护技术规范》(JTG H12—2003)规定方法,更新检测数据和评定结果,然后再实施BCI评定。

6.3.1 对非整公里的路段,为了使评定结果具有可比性,应将SCI、BCI和TCI三项指标的评价结果换算成整公里值。换算方法是将SCI、BCI和TCI的损坏数据除以路段长度(扣分×基本评定单元长度/实际检测路段长度),然后再计算SCI、BCI和TCI。

6.3.2 本标准规定先按上、下行分别统计MQI,然后将上下行结果的平均值作为评定路段或路线的MQI。

公路工程现行标准、规范、规程、指南一览表

（2016年9月版）

序号	类别		编　　号	书名（书号）	定价（元）
1	基础		JTG A02—2013	公路工程行业标准制修订管理导则（10544）	15.00
2	基础		JTG A04—2013	公路工程标准编写导则（10538）	20.00
3	基础		JTJ 002—87	公路工程名词术语（0346）	22.00
4	基础		JTJ 003—86	公路自然区划标准（0348）	16.00
5	基础		JTG B01—2014	★公路工程技术标准（活页夹版，11814）	98.00
6	基础		JTG B01—2014	★公路工程技术标准（平装版，11829）	68.00
7	基础		JTG B02—2013	公路工程抗震规范（11120）	45.00
8	基础		JTG/T B02-01—2008	公路桥梁抗震设计细则（1228）	35.00
9	基础		JTG B03—2006	公路建设项目环境影响评价规范（0927）	26.00
10	基础		JTG B04—2010	公路环境保护设计规范（08473）	28.00
11	基础		JTG B05—2015	公路项目安全性评价规范（12806）	45.00
12	基础		JTG B05-01—2013	公路护栏安全性能评价标准（10992）	30.00
13	基础		JTG B06—2007	公路工程基本建设项目概算预算编制办法（06903）	26.00
14	基础		JTG/T B06-01—2007	★公路工程概算定额（06901）	110.00
15	基础		JTG/T B06-02—2007	★公路工程预算定额（06902）	138.00
16	基础		JTG/T B06-03—2007	★公路工程机械台班费用定额（06900）	24.00
17	基础		交通部定额站2009版	公路工程施工定额（07864）	78.00
18	基础		JTG/T B07-01—2006	公路工程混凝土结构防腐蚀技术规范（0973）	16.00
19	基础		交通部2007年第30号	国家高速公路网相关标志更换工作实施技术指南（1124）	58.00
20	基础		交通部2007年第35号	收费公路联网收费技术要求（1126）	62.00
21	基础		交通运输部2015年第40号	★收费公路联网收费多义性路径识别技术要求（12484）	40.00
22	基础		JTG B10-01—2014	公路电子不停车收费联网运营和服务规范（11566）	30.00
23	基础		交通运输部2011年	公路工程项目建设用地指标（09402）	36.00
24	勘测		JTG C10—2007	★公路勘测规范（06570）	28.00
25	勘测		JTG/T C10—2007	★公路勘测细则（06572）	42.00
26	勘测		JTG C20—2011	公路工程地质勘察规范（09507）	65.00
27	勘测		JTG/T C21-01—2005	公路工程地质遥感勘察规范（0839）	17.00
28	勘测		JTG/T C21-02—2014	公路工程卫星图像测绘技术规程（11540）	25.00
29	勘测		JTG/T C22—2009	公路工程物探规程（1311）	28.00
30	勘测		JTG C30—2015	★公路工程水文勘测设计规范（12063）	70.00
31	设计	公路	JTG D20—2006	★公路路线设计规范（0996）	38.00
32	设计	公路	JTG/T D21—2014	公路立体交叉设计细则（11761）	60.00
33	设计	公路	JTG D30—2015	★公路路基设计规范（12147）	98.00
34	设计	公路	JTG/T D31—2008	沙漠地区公路设计与施工指南（1206）	32.00
35	设计	公路	JTG/T D31-02—2013	★公路软土地基路堤设计与施工技术细则（10449）	40.00
36	设计	公路	JTG/T D31-03—2011	★采空区公路设计与施工技术细则（09181）	40.00
37	设计	公路	JTG/T D31-04—2012	多年冻土地区公路设计与施工技术细则（10260）	40.00
38	设计	公路	JTG/T D32—2012	★公路土工合成材料应用技术规范（09908）	42.00
39	设计	公路	JTG D40—2011	★公路水泥混凝土路面设计规范（09463）	40.00
40	设计	公路	JTG D50—2006	★公路沥青路面设计规范（06248）	36.00
41	设计	公路	JTG/T D33—2012	公路排水设计规范（10337）	40.00
42	设计	桥隧	JTG D60—2015	★公路桥涵设计通用规范（12506）	40.00
43	设计	桥隧	JTG/T D60-01—2004	公路桥梁抗风设计规范（0814）	28.00
44	设计	桥隧	JTG D61—2005	公路圬工桥涵设计规范（0887）	19.00
45	设计	桥隧	JTG D62—2004	公路钢筋混凝土及预应力混凝土桥涵设计规范（05052）	48.00
46	设计	桥隧	JTG D63—2007	公路桥涵地基与基础设计规范（06892）	48.00
47	设计	桥隧	JTG D64—2015	★公路钢结构桥梁设计规范（12507）	80.00
48	设计	桥隧	JTG D64-01—2015	公路钢混组合桥梁设计与施工规范（12682）	45.00
49	设计	桥隧	JTG/T D65-01—2007	公路斜拉桥设计细则（1125）	28.00
50	设计	桥隧	JTG/T D65-04—2007	公路涵洞设计细则（06628）	26.00
51	设计	桥隧	JTG/T D65-05—2015	公路悬索桥设计规范（12674）	55.00
52	设计	桥隧	JTG/T D65-06—2015	公路钢管混凝土拱桥设计规范（12514）	40.00
53	设计	桥隧	JTG D70—2004	公路隧道设计规范（05180）	50.00
54	设计	桥隧	JTG/T D70—2010	★公路隧道设计细则（08478）	66.00
55	设计	桥隧	JTG D70/2—2014	公路隧道设计规范　第二册　交通工程与附属设施（11543）	50.00
56	设计	桥隧	JTG/T D70/2-01—2014	公路隧道照明设计细则（11541）	35.00
57	设计	桥隧	JTG/T D70/2-02—2014	公路隧道通风设计细则（11546）	70.00

续上表

序号	类别		编　　号	书名(书号)	定价(元)
58	设计	交通工程	JTG D80—2006	高速公路交通工程及沿线设施设计通用规范(0998)	25.00
59			JTG D81—2006	★公路交通安全设施设计规范(0977)	25.00
60			JTG/T D81—2006	★公路交通安全设施设计细则(0997)	35.00
61			JTG D82—2009	公路交通标志和标线设置规范(07947)	116.00
62		综合	交公路发〔2007〕358 号	公路工程基本建设项目设计文件编制办法(06746)	26.00
63			交公路发〔2007〕358 号	公路工程基本建设项目设计文件图表示例(06770)	600.00
64			交公路发〔2015〕69 号	公路工程特殊结构桥梁项目设计文件编制办法(12455)	30.00
65	检测		JTG E20—2011	公路工程沥青及沥青混合料试验规程(09468)	106.00
66			JTG E30—2005	公路工程水泥及水泥混凝土试验规程(0830)	32.00
67			JTG E40—2007	★公路土工试验规程(06794)	79.00
68			JTG E41—2005	公路工程岩石试验规程(0828)	18.00
69			JTG E42—2005	公路工程集料试验规程(0829)	30.00
70			JTG E50—2006	★公路工程土工合成材料试验规程(0982)	28.00
71			JTG E51—2009	公路工程无机结合料稳定材料试验规程(08046)	48.00
72			JTG E60—2008	公路路基路面现场测试规程(07296)	38.00
73			JTG/T E61—2014	公路路面技术状况自动化检测规程(11830)	25.00
74	施工	公路	JTG F10—2006	公路路基施工技术规范(06221)	40.00
75			JTG/T F20—2015	★公路路面基层施工技术细则(12367)	45.00
76			JTG/T F30—2014	公路水泥混凝土路面施工技术细则(11244)	60.00
77			JTG/T F31—2014	公路水泥混凝土路面再生利用技术细则(11360)	30.00
78			JTG F40—2004	★公路沥青路面施工技术规范(05328)	38.00
79			JTG F41—2008	公路沥青路面再生技术规范(07105)	25.00
80		桥隧	JTG/T F50—2011	★公路桥涵施工技术规范(09224)	110.00
81			JTG/T F81-01—2004	公路工程基桩动测技术规程(0783)	20.00
82			JTG F60—2009	公路隧道施工技术规范(07992)	42.00
83			JTG/T F60—2009	公路隧道施工技术细则(07991)	58.00
84		交通	JTG F71—2006	★公路交通安全设施施工技术规范(0976)	20.00
85			JTG/T F72—2011	公路隧道交通工程与附属设施施工技术规范(09509)	35.00
86	质检安全		JTG F80/1—2004	公路工程质量检验评定标准　第一册　土建工程(05327)	46.00
87			JTG F80/2—2004	公路工程质量检验评定标准　第二册　机电工程(05325)	26.00
88			JTG G10—2016	公路工程施工监理规范(13275)	40.00
89			JTG F90—2015	★公路工程施工安全技术规范(12138)	68.00
90	养护管理		JTG H10—2009	公路养护技术规范(08071)	49.00
91			JTJ 073.1—2001	公路水泥混凝土路面养护技术规范(0520)	12.00
92			JTJ 073.2—2001	公路沥青路面养护技术规范(0551)	13.00
93			JTG H11—2004	公路桥涵养护规范(05025)	30.00
94			JTG H12—2015	公路隧道养护技术规范(12062)	60.00
95			JTG H20—2007	公路技术状况评定标准(1140)	15.00
96			JTG/T H21—2011	★公路桥梁技术状况评定标准(09324)	46.00
97			JTG H30—2015	公路养护安全作业规程(12234)	90.00
98			JTG H40—2002	公路养护工程预算编制导则(0641)	9.00
99	加固设计与施工		JTG/T J21—2011	公路桥梁承载能力检测评定规程(09480)	20.00
100			JTG/T J21-01—2015	公路桥梁荷载试验规程(12751)	40.00
101			JTG/T J22—2008	公路桥梁加固设计规范(07380)	52.00
102			JTG/T J23—2008	公路桥梁加固施工技术规范(07378)	30.00
103	改扩建		JTG/T L11—2014	高速公路改扩建设计细则(11998)	45.00
104			JTG/T L80—2014	高速公路改扩建交通工程及沿线设施设计细则(11999)	30.00
105	造价		JTG M20—2011	公路工程基本建设项目投资估算编制办法(09557)	30.00
106			JTG/T M21—2011	公路工程估算指标(09531)	110.00
1	技术指南		交公便字〔2006〕02 号	公路工程水泥混凝土外加剂与掺合料应用技术指南(0925)	50.00
2			厅公路字〔2006〕418 号	公路安全保障工程实施技术指南(1034)	40.00
3			交公便字〔2009〕145 号	公路交通标志和标线设置手册(07990)	165.00

注:JTG——公路工程行业标准体系;JTG/T——公路工程行业推荐性标准体系;JTJ——仍在执行的公路工程原行业标准体系。批发业务电话:010-59757973;零售业务电话:010-85285659(北京);网上书店电话:010-59757908;业务咨询电话:010-85285922。带“★”的表示有勘误,详见中国交通运输标准服务平台 www.yuetong.cn/bzfw。